JN437227

바다의 푸른 눈동자

시와문화의 시집 014

바다의 푸른 눈동자

김대술 시집

시와문화

바다에서 살아가신 아버지와
사랑하는 어머니에게 바칩니다.

■시인의 말

한겨울 삭풍과도 같은 긴 시간을 보낸 지금,
드러낸 몸이 부끄럽습니다.
해 떨어지기 전,
그저 마음에 드는 서너편 시를 받아낸다면,
돌담 위에 핀 박꽃도, 하염도 없는 바다도,
구름속 거닐던 달을 보며 빙긋이 웃어 주겠지요.
어린 아이와 같은 내게 다가온 시의 넓은 배
그 안에 표류하는 사람들을 따스하게 싣고 싶습니다.

2013년 겨울 수원 고등동에서
김대술

|차　례|

제1부 제대 앞에서

제2부 고등동 여인숙

제3부 바다의 푸른 눈동자

제4부 나의 서양미술 순례

제1부

제대 앞에서

번개

그물 던지지 않고도
철따라 올라오는 놈들이
질퍽한 네온사인 피뢰침 피해
일식집에 들어온다

뒤통수에 번쩍
머나먼 고향 바다는
파르스름하게 떨린다

가르고 찌르고 벗기는
노련한 외과의사
한 점 두 점 짧은 생애
한 쪽 눈깔로도 부릅 뜬 자존심
접시위에서 더욱 오만하다

그들이 잡은 칼날은 바다보다 시퍼렇게 보일 뿐

저승길 문턱 넘자마자
달달한 초장
간장에 톡 떨어지는 고추냉이는

‘처음처럼’ 느끼는 마지막 고문

수원에 오면 번개는 위장을 강타한다

토악질 밤새 죽지 않고
아침이 되면 조각조각 살아나
바다에서 만나자던 꿈은
넥타이 되어 화려하다

하늘과 땅 비밀의 문 통과하는
일식집 ‘번개’ 모임 공고
“전달사항은 도시를 유지시키는 호기심
술독에 들어오시면 노숙도 가능
초대받고 싶은 번개는
맞아봐야 제맛 아니니”

절벽 위에서의 사랑

23층 오피스텔 창가에
잃어버린 그녀가 고맙게도 오더이다

줄 무늬 빨간 스커트
보라색 블라우스 속으로
살며시 노을이 함께 들어 오더이다

천 길 낭떠러지의 절벽
지상은 미끄럽지만
하늘이 담긴 창가에 기대어
아슬아슬하게 있었더이다

내 영혼
떨리더이다

향긋한 긴 머릿결
해변으로 내려온 우리
조용히 밤을 바라보며
상큼한 바람의 간지러움에
일렁이는 파도 소리를

잊을 수 없을 만큼 듣고 있었더이다

지상은 너무 슬퍼
짧은 시간 가기 전

내 영혼
너와 함께 스러져
말할 수 없는 사랑을
원하더이다

송림동 공터 약장수

비 피해 들어앉아
재잘재잘 참새 떼처럼
비 오는 날 천막 쓰고
할머니들 타닥타닥

맞지도 않는 박수소리
엇맞은 날들

저 푸른 초원 위에 나오니
묵은 먼지 날리는
소나기 박수다

워마, 성님 저 뒤 좀 보소
신식인디
한 잔 했구먼, 거참 볼 만혀
춤추다 허리 못 쓰것는디

자, 약선전 그만하고요
내일은 안부장이 낮밤 하는디
낮에는 좀 모자란 듯이

밤에는 폐병쟁이로 나오요잉

잊을 만하면 나타나
빗나간 세월 달래주던
송림동 공터 약장수

마을 만들기

재개발 모두 떠난 자리
억울한 것이 많은지
텃밭 한쪽에 구멍을 파
똥 천지로 대인지뢰 '접근 금지'

비닐 덮고 누울 자리 만들어
어수룩하게 두어 겨울 지낸
거지라고 부르는 동네 아저씨

방 한 칸 시장에서
콩나물이라도 팔게 하든지
골목골목 심부름, 청소 하게 하든지
건강 검진을 받게 하든지
손 바닥만한 놀이터 관리하게 하든지
거지라고만 부른다

위험하고 혐오스러운 밤
엠블란스, 파출소 소장, 동네 동장, 소장 다 모여
올겨울 얼어죽는다고
강제로 마취주사를 허벅지에 찔러

차 태워 어디론가 끌려가는 밤

억울한 눈동자들이
별무리가 되어 마을을 만든다

상수리나무의 만추

단풍 떠난 숲
늙은 상수리 나무들
여름 내내 가꾼 열매 다 떨궈도
광교산 비탈에 서 있어 넉넉하다

20년 청소차 몰던 부씨
저축은행 빚으로 내주고
명퇴로 나와도 남은 것 하나 없다

수원역 겨울밤 지키다
삶의 계단에서 떨어져
중환자실 낙엽이 되었다

노래하던 노숙인 부씨
목숨 눈금 남지 않아도
희미한 미소로 가을을 물들인다

사년 전 봄날 서귀포에서 올라온 부씨나
금간 허공에 달려 있는 김진숙이나
아침이슬 침낭 펴서 노래하던

월 스트릿가의 청년들

자기 앞에 놓인 것 없지만
추락하여 주저앉은 이들 일으키고 있다

새벽 미사

새벽을 깨워
미사를 마친 텅 빈 마당

마른 가지 끝에
하루치 양식 구하는
일용직 일꾼처럼
새벽달이 길 위를 걷는다

매일 미사를 드려도
일감을 찾지 못한 마음

고개 떨군 작업복 위에
숙명의 사제복을 입고
흐르는 깊은 강을 바라본다

패키지 상품

예술의 전당을 나와
조선호텔 라운지에서
괌 여행을 들여다보듯
애인은 뿌듯한 밤에 묶여 있는데

매일 50여 명의 목숨
입시지옥에 지친 청춘
학문을 잃어버린 대학
아들의 장애를 돕는다는
남편이 아내를 위해
스물세 명의 쌍용의 노동자
한 명으로 셀 수 없어
묶음이 되어 떨어진다

패키지가 되어버린
민주공화국

슬퍼 푸른 통영

푸른 통영 바다는
밤새 기름 냄새 배이도록
세상의 슬픔을 전해주는
갈가리 찢어낸 조간신문

“살해된 통영 초등생, 홀로 늘 배곯는 아이였다”

열 살 여자 아이는
입에 밥풀 몇 개 붙여달라고
세상을 향해 늘 배고팠지만
그 가슴에 우리는 밥 한 그릇 담지 못했네

지상의 엄마도 아빠도, 친지도
삶의 진흙탕 속에 있어
소녀의 마음에 있는
연꽃 피우지 못하게 한 슬픔 어이하리

모질게 살아야 되는 것인지
공사판에서 땀을 팔고
지하다방에서 웃음을 팔 때

소녀를 위로한 것은
해질녘 마을 당산나무였다네

바다를 건너는 기러기는
먼 옛날처럼 눈물을 보태
푸른 통영 바다를 만들었다네

내 딸 같은 열 살 아이야
미안해서 어떻게 하니
서러워서 나는 어떻게 해야 하니

제대 앞에서

새벽이
하얀 제대를 펴면
땅은 처음의 우주를 연다

하얀 제대 보 위로
붉은 포도주
한 방울 떨어질 때
수억만의 세포 일어난다

촛불 속에 아른거려
피 흘려 사랑했던 얼굴들

새벽은 슬퍼 향기롭다

미사를 마치고

떨리는 것은
당신 때문이 아니라
당신이신 사람 때문입니다

가슴이 아린 것은
홀로였던 당신 때문이 아니라
외로움을 잃어버린 사람 때문입니다

고개를 숙이는 것은
당신의 정처 없음이 아니라
어디에 있어야 할지 모르는 사람들 때문입니다

숨을 쉴 수 없음은
거친 나무 위에 달린 당신 때문이 아니라
숨을 잃어버린 사람들 때문입니다

정갈한 미사는
당신을 향한 그리움
당신이 사랑했던 사람들의 얼굴들
날마다 무릎을 꿇어
눈물은 샘솟듯 영롱합니다

제2부

고등동 여인숙

아이거 북벽

무거운 장비로 외벽을 치고
정상을 바라보는 야생화
발밑에 깔려 있어
더욱 향기롭다

입김은 펄럭이는 파란 깃발
북벽에 붙은 심장 메아리쳐도
얼음도가니에 든 몸은 풀리지 않는다

아이거만의 폭설과 낙석
포기할 수 없어
사랑하는 사람의 가슴을
아이젠 날카로움으로 찍어 오른다

얼어붙은 로프에 기댄 동료
비수의 차디찬 날로
끊어버린 직후

뒤돌아보지 않는 자에게 길은 열리지만
피톤으로 몸을 절벽에 박고
오를 수도, 내려갈 수도 없는

빙벽의 침묵

아이거 북벽
인적 끊긴 수원역 북쪽에 있다

고등동 여인숙

비탈져 내려오는 골목길
아무도 찾아오지 않는 겨울
등불 앞세운 저녁 햇살이
여인숙에 먼저 와서 기다린다

길을 걷는다는 것은
외로움이 그리움을 업고 가는 것

신세진 겨울을 갚기 위해
비닐봉투에 친구 이름 넣어 불러주면
두터운 빙벽 이기며
제비꽃 생글거리는 미소 피어난다

화물트럭 운전기사
무너지는 뇌졸중만 남고
질주하는 광장을 바라보던
길다란 무료급식 줄에서 만난 삼년 전과
똑같이 춥지 않다

운전석 한 평에서

여인숙 방 두 평으로, 고만고만 열댓 개의 방
이불 한 채, 가스버너, 밥통과 수저
그의 지친 몸처럼 엎어진 막걸리 병

찌그러진 양은냄비에 익어가는
인도산 향긋한 카레 냄새가
노을처럼 맛있다

따스한 군불로
신세진 겨울 지필 때
상처난 것들 안아주는
고등동 여인숙

고물

"어이"
"요즘 박스 키로에 월마혀"

흙 한줌이 말한다
"150원 줄라나"
"양은이나 신주는 얼마나 될까"

찔룩찔룩 위태위태
푸습푸습 끼익끼익
허적허적 젖은 얼굴

꽁초에 불 댕겨
고물 되어버린 목구멍에
살아야 하는 일을 태운다

무료 급식소의 봄동

고봉으로 담은 머슴밥
꿀떡꿀떡 불타는 목구멍
외딴섬 소금공장 모두들 힘들어해도
"허허 그래도 일감이 있어 좋았어"

등짐, 노끈으로 묶은 이력서 가방
부르튼 양손으로 쥐고
하루치 삶이 덤으로 주어진 것이 고마운지
꽃샘추위도 붙들 틈 없이 일어선다

역전 시장 노점상 푼돈을 삼키고
배불뚝이가 된 저축은행 대주주
주머니만 채워도 시샘하지 않고
떡잎 나누어 피는 파릇한 봄동들

수원역 광장 가득
봄볕을 흩뿌린다

고등동 재개발 빈집

낮고 가난한 창일수록
넉넉하게 비추는 보름달
새벽녘 지붕에 외등으로 걸려
빗장 건 마을 환히 들여다본다

허물어진 산동네 모퉁이
성애 꽃 벙그는 소리에 놀랐는지
집 버리고 떠났어도
지상에 방 한 칸 갖지 못한 노숙인 김씨
깊은 상처 맡기기에는 넉넉하다

등 기댈 벽 부서진 가구
손때 지워지면
사는 것도 멀어지는 법
해바라기 장독대가 그립다

따스한 밥이 싫어
도둑 고양이가 되었는지
힐끗 먹이감을 물고 들어온
달빛 이불 속은

모닥불 지핀 듯 깊어만 간다

눈먼 돈 걸린
재개발지구 버려진 빈 집들
김씨 겨울 나고도 남는다

그림자

한 번도 만나지 못한 거지

끈질기게 따라만 다녔지

헛산 거지

한몸이 되지 못한 거지

생각만 하고 들어오지 못한 거지

나는 너에게 그림자였던 거지

동사(凍死)

비틀대던 저녁이
어둠을 따라 슬며시 오더니
그의 곁에 서 있었네

한 병의 독주에
마음 담을 수 없어
지난 겨울 넘더니
더욱 날카롭던 몸

흔들리며
빙판처럼 살아온 날들

하염도 없던 눈발
그를 가만히 바라보다

동사(凍死)

무단 횡단

자정을 막 넘긴
도시는 무단 횡단중이다

술 취한 사람도
취한 사람 태운 차들도
탁류의 속도로 도시를 헤엄쳐 간다

사람이 되지 못한 노숙자가
조용한 다리 밑의 잠자리 얻으려
무단횡단 중
개새끼처럼 차에 치였다
도시의 탐욕처럼
상처도 찬란하다

살아서
밥 한 그릇, 쪽방을 찾다가
죽기 직전이라
무연고자 처리가 어렵다

피 흘리고 뇌가 터져

인공호흡기 단 노숙인

밤새 피땀 흘린 돈으로
중환자실의 나를 간병하여라
나는 절대 죽지 않아
너희들의 혈세로
숨만 쉬리라

눌러쓴 모자

마음가릴 모자 없어
보고 싶은 얼굴만 숨는다

비 오는 날
바람 불던 날
새끼, 어느 객지에서 먹는지 묻는
엄마가 볼까봐

숨긴 숨지만 숨을 수 없는
길게 줄선 밥줄

빚쟁이가 볼까봐
두고 온 새끼들 볼까봐
늙어버린 애비가 볼까봐
혹시 가버린 님이 볼까봐

신용회복 풀 길 없듯
나머지 길이 막막하여

고개 숙인 밥줄에서
그리운 얼굴이 숨는다

노숙 100년사

호랑이 담배 묵던 시절이야 말할 것도 없지

일제 압잡이에게 쫓겨
새끼들 돌보지 못한 독립군
누구는 한 탕 잡아 떵떵 거리고
우라질 뭔지도 모르고 머슴 살다가
정리 안 된 길에서 앞을 못 보다
6 · 25 와중에 애비, 에미 다 죽어
집도 절도 없이 떠돌다
중동지역 돈 된다고
너나 없이 잘살아 보자고
흥청망청 마누라 춤바람 나서
새끼들 멋대로 갈팡질팡하다가
할아버지, 아버지, 그 자식,
형님과 동생 누이 모두가 노숙한다
누구는 애비 잘 만나
날마다 밤마다, 밤의 대통령
총부리로 한 목 잡아 토악질 심해
금수강산 욕 보인다
노동자도 사람이다 외치다

가진 것 없고 버림받은 사람들
신문팔다 보급소 하나 냈는데
자전거에, 돈 봉투에 경쟁이 안 되어
짜장면 배달하던 사람들
알고도 속아 하면 된다는
땜질하다 버림받은 사람들
노숙의 역사는 대한민국의 근 · 현대사
술상무 좋다고 계집질 하다가
마누라한테 짤리고
외상이면 소도 잡아먹는다고
벌려 놓은 장사 망하고
스카이 나와 잘 나가다
사업한다고 말아먹고
자존심 창피하다 술로 달래
카드빚, 신용불량
바닥을 친다
대기업 어렵다고 엄살
중소기업 줄줄이 무너지고
노숙업계만 노나
내 밥줄은 든든하다

노숙자는 찬란한 역사의 후손들

88만원 받는 알바
그것도 없어
쫓기고 도망치듯
여관에서 여인숙으로
고시원에서 만화방으로
넘어야할 고지가 온 몸에 징그럽다

에이라
노가리에 술 한 잔 묵세

쇼생크 탈출

슬픈 모짜르트
맥주 몇 병 가만히 노을처럼 탈출한다

쇼생크 교도소 옥상에
즐거움을 안긴 후

스스로 던진 돌
징표처럼 이마에 박고
결국, 유배를 선택한 노숙인

산발한 머리와 수염으로
깔끔한 도시를 무시하지만
떠날 수도 정착할 수도 없다

소나무 껍질 같은 옷에는
그래도 배냇저고리
구수한 냄새가 그립다

술 깨면 밥과 잠을 얻다가
술 취하면 말하는 자유인

취한 도시를 사랑하여
노숙을 선택한다

단 한명도 탈출시키지 못한
자랑스러운 밤

수원역 맞은편 로데오 밤거리
젊고도 아름다운 예비 노숙인들이
취한 모짜르트처럼 즐겁다

난파선

끝도 없어 머나먼
우주에서 오신 사랑이
하염도 없이 쌓이더니

슬픈 지상을 위해
보르네오섬을 만들었네

그 섬 오래전에 난파선이 되어버렸지

하나 둘
베어지고 피 흘리던
조용하여 깊었던 정글

어루만지는
아주 멀고, 아주 먼, 옛날
보내오시는
말 없는 물결뿐이라네

천 년 동안 찾던 무지개는
여인의 벗겨진 입술의 페인트

사람들 가슴속 깃발은
상처 입은 난파선

강가 모래알로 사라지는 것인지

침술원에서

살아야 할 이유
모르고 죽어가다가

별들이 쏟아지듯
정수리에 침 박고
반백 년 막힌 고집
인중을 후벼
썩은 피 대접에 쏟아내니

살아서
시 한편 써야 할
이유 알겠드라

박쥐들의 상품 팔기

두런두런 군집생활
거꾸로 매달리는 순간의 판단
불빛을 거부하는 야간침투와
미세혈관을 뜯어버리는 억센 이빨

먹잇감이 사살된 후
허무함은 섹스 후에만 오는 것은 아니지

동굴의 교육이
박쥐들에게만 해당되는 것도 아니다

이미 육로는 짓밟힌 포화상태
하달된 상부의 명령을 거부하는 생존의 법칙은
타살될 수 없다는 단 하나의 이유

밤하늘을 비행하려거든
지구 기울기가 우주와 연결되어 있다는
안테나 장착할 일이다

어머니 오늘 우리는 이렇게 몸을 팔고 있습니다

고등동 달팽이

고등동 가는 동네 모퉁이
무너질 것 같은 집 담에
결박을 풀지 않는
달팽이가 달라붙어 있다

밖으로 눈 돌리지 않고
최소한의 수분으로
제 안의 빗장 열리기만 기다리는
가슴에 박힌 돌덩이

흐느낄 수가 없어
울음 삼킨 자국만 남기고
움직일 수 없는 바위처럼
절벽에 세운 견고한 성

스스로 결정한
여름날 장대비인지

벽을 사랑했던 달팽이
두 개의 더듬이로
수직의 절벽을 타고 내려온다

제3부

바다의 푸른 눈동자

신기파랑가

잠든 맵새들
후두둑 깨우며
말 달리던 기파랑

바람만 생각에 젖었을까

기파랑
쫓아오던
범종 소리
뒤돌아 보아도

바람만 생각에 젖었을까

늦도록 폭탄주
달리고 달려도
하나둘
빌딩 숲으로 떨어지는
신기파랑

바람만 생각에 젖을까

어머니

지구에는 어머니들이 있다

새끼들
통통선 태워
험하디 험한
그 해 겨울 바다
죽음을 무릅쓰고
뭍으로 물어다 놓은 어머니

어머니는
너와 나의 어머니
오늘, 우리는 사람이 되어 사람을 보고 있습니다

시베리아 벌판을 지나며

실외온도 영하 43도, 고도 8,382미터 허공에 한 잎 쪽배로 떠서, 텐샨산맥을 날자마자 펼쳐진 고비사막, 바이칼 호수를 지나 우랄산맥, 세월 따라 천만 굽이로 펼쳐져도 마르지 않는 핏빛 너울, 강물과도 같은 아픔을 잉태한 어머니처럼, 울음 삼킨 채 견디고 있다.

파리 행 비행기 티켓으로 '그릴에 구운 소 안심, 마데이라 소스, 채소' 먹으며 스스로 먼 여행길 외계인이 되라고 떠밀며, 아슬아슬한 지상과 과감하게 단절 시키려들수록, 어린 나그네의 발은 결코 지상에서 떨어지지 않는다.

문득, 부산 영도 조선소 85호 크레인에 달려 190일째 고공 농성하는 여인, 한여름에 맞고 있는 겨울, 30여 년 쉴 사이 없이 미싱발을 밟아도 여전히 올라설 수 없는 가파른 언덕 앞에 선 누이는, 휑한 눈과, 굳은 손을 가진 동료들의 아픔을 평생 짊어지고, 아스라이 구름을 뚫고 똑바로, 똑바로, 똑바로 나를 바라보고 있는 것이다.

하느님도 모든 것을 다 볼 수는 없는지, 크레인 허공에 스스로 묶인 땜질 여공, 아름다우신 김 진숙 여인의 소원은 봄이 오면 팔랑팔랑 원피스 입고, 깔깔대는 삼량진 딸기밭 놀러 간다는 것이라는데, 나는 그 질박한 꿈이 펼쳐진 시베리아 벌판, 찬바람 몰아쳐 얼굴 감싸고 귀 막고 눈을 감아, 흐르는 진물을 닦지 못한다.

시베리아 만년설은 고공 크레인 위태스럽게 올려져 있는 모습, 이 천년 동안 보아오다가, 말 없이 서러워 북받친 눈물을 녹여, 그래도 힘겹게 황하를 잠류하여 한강을 거슬러 오른다.

다산 인권 20주년에 부쳐

높아,
달은 떠 있고
빛나,
별은 어둔 밤 비추는데
나무는 말한다
사람아, 외롭고 그리운 사람아
너 하늘의 권리에 스스로 답하라고

'다산 인권'
20년 한결같이
우주에 귀 열었던 날들
너는 마른 뼈들에게
생기를 불어 넣었구나

독선과 아집의 창살 부수고
날아오르는 자유를 선물하라
거친 광야 말 달려
숨 가삐 달려온 세월
아름다운 이마 땀방울 솟아오르고
심장은 젊은 피 약동하는구나

온몸으로
잠든 대지를 일깨우는
아! '다산 인권' 은 어머니

다금바리

'육지 것' 들이 보기 싫어
깊은 바다 동굴만 고집하던
다금바리

저녁해가
색깔의 파장을 일으키고
바다 위에서
파도가 여리게 유영할 때

낚시꾼과 함께
숨을 멈춘 순간
단 한번의 먹이 챔질로
핏빛 노을을 서로에게 물들인다

어두운 바다 동굴에서도
뭍의 소식을 알고 있던
다금바리

제주 4·3 항쟁 기일이 되면
스스로 제사상에 올라와

'죽은 것' 들을
산 놈들에게 먹게 한다

다금바리가 살던
지구에서
사람들은 진화를 꿈꾼다

달 방

달에는 방이 있습니다

옥탑 월세방 창문에
초승달이 걸리면
빼꼼히 열린 틈으로
달이 만든 방이 있습니다

외진 곳이라 넉넉한
지친 저녁을 위해
여인숙, 모텔, 여관에
달방을 주었습니다

나그네 품어주는
달은 방을 만들었나 봅니다

미라보 다리 아래서

–고순자 불어 선생님을 기억하며

그리운 사람이 강이 되어

가슴에 흘러 오지만

슬픈 지상에서는

이루어질 수가 없어 사라졌네

세월 지나

그리운 사람이 강이 되어

내 가슴에 흘러온다 해도

이룰 수 없었던 사랑을 기억하여

나는 강물이 되었네

은빛 날개

칼처럼 헤엄치는 갈치는
은빛 날개를 달고 있다

팽팽한 낚시줄
날카로운 바늘
살아있는 미끼로도
유혹당하지 않는 너
잘 묶은 매듭으로도
옭아맬 수도 없는 일

마디마디 거친 손놀림
아랑곳하지 않고
바다는 흑비단을 깔아 놓았지

짧은 여름 밤
점점이 박힌 은하수가
바다를 그리워할 때
칼처럼 헤엄치는 은빛 갈치를 만날 수 있다

상추자 백구호를 타고

바람의 파도를 헤치는
늙은 어부와 갈치를
은빛 날개라고 부른다

바다의 푸른 눈동자

깊은 바다는 좀처럼 속을 보이지 않습니다. 가슴을 터뜨려도 소리가 되지 못한 아우성을 안고, 독산 뒤편 절벽을 돌아오던 파도는 조각조각 밀려들다가, 그만 소년에게 바다의 푸른 눈동자를 심어주고 물러납니다.

수 천 억년 물때 마다 어김없이 갯바위에 귀환한 파도는, 어두운 밤에 앉아 있는 섬에게 무서워하지 말라며, 어깨를 두드려주고 있었습니다.

추운 날 이불 덮던 온기로는 바다를 달랠 수 없었는지, 왜 그리도 눈발은 하늘이 바다에게 보내는 편지처럼 몰아치던지, 지금은 수 많은 사연을 받아 적을 수 없지만, 차곡차곡 쌓이던 심술꾸러기 거센 겨울날도 그곳에는 있었습니다.

횡간도 분교 좁은 마당을 벗어난 어릴적 친구들, 뭍을 밟을 수 없어, 배에서 밥을 하는 화장부터 시작하는 어부가 되어, 바다의 가슴에 뛰어들었습니다. 함께 배를 타던 이웃집 아저씨들과 친구들을 거친 겨울 바다가 삼켜버려 한없이 미워도, 아무 일 없었다는 듯이 굴뚝 옆에 앉아 있는 소년의 눈동자 속에 바다가 들어오면, 겨울이어도 섬은 아늑했습니다.

파시철처럼 모두가 바쁜 날들, 저녁밥은 엄마가 해주어도 불씨가 전해주는 따스함이 남아 있을 때 까지, 굴뚝 옆에 쪼그리고 앉아 있던 소년을 사랑한 것은 바다였습니다.

파도소리 들리던 밤, 천리 밖 타향에서 기곗밥을 먹으며 돌아온 밤, 톱니가 맞물리듯 돌아가지 못하고 깨어 있습니다. 밥 한 그릇 나누어 먹는 차가운 도시의 밤을 견딜 수 있는 것은, 등을 어루만져주던 바다의 푸른 눈동자 덕분입니다.

추자도 조기 파시

한 폭의 풍경에는
바다가 낳고 기른 어부들이 있다

조기 파시철이 되면
살아서 돌아온 사람들을 위해
섬은 축제를 베푼다

빨갛고, 노란 청청한 색들이
거친 바람에 휘날리며
만선이라 호호탕탕
보란 듯이 바다를 가르고
풍악과 함께 작은 포구에 들어오면
섬은 파도와 함께 웃음으로 가득했지

어른 팔뚝만한 노란 조기
그물에서 내릴 때
연 날리던 동네 꼬마들
그물 밑 갯가에 내려와
한 바구니씩 주어 담아도 넉넉했던 조기

아낙들 대견스러워
"아이고, 뒷집 막둥이도 조기를 주어가네"라며 웃었지

거친 무에 매운 고추
대파 숭숭 다진 마늘
누런 조기국물
더글더글 찌개 끓여 놓으면
바글바글 밥상 위의 입들도 뜨거워
하하 호호 허허 깔깔깔

묵리 친구들아, 영리 친구야, 행님아, 큰작지 큰아부지
작은 작지 작은 아부지 보고 싶습니다 보고 싶습니다

동지나해

깊지 않아도 풍요로운 곳
두려운 대만 동쪽의 바다
수많은 목숨들 잡아먹어
황토색 더욱 포악하다

성난 고기의 혼인지
먼저 가버린 친구들의 귀신인지
어망을 사정없이 휘어감아
폭풍을 일으킨다

처자식 눈동자만이 아니라
수 많은 원귀들이 부를 때

작두 위 칼을 문 무당처럼
통곡의 바다로 뛰어들어야 한다

슬픈 바다는 향긋한 바람도 종종 허락한다

여름밤 은갈치와 은하수

여름날 새벽, 갈치 낚시 마치고 돌아온 어부가 굽는 은 갈치 맛 때문인지, 하늘에 있던 별들도 실눈을 뜨고 바라보고 있다.

참숯과 석쇠, 그리고 갈치 위에 뿌린 굵은 소금처럼, 점점이 박힌 은하수는 늙은 어부가 보고 싶은 것이다.

바다는 은하수를 바라보고, 늙은 어부는 은갈치가 되었다.

파도의 잠수

부서져
터져버린 파도는
심해에게 보내는 백색의 눈물

지친 몸짓으로 바위에 안겨
머나먼 길 달려온 파도는
깊은 바다에게 보내는 구혼의 손길

단번에 끊어버린
탯줄 같은 산소마스크
미끄러지듯 마지막 심호흡은 가볍다

단 몇 초 동안
찢어지는 고막과 튀어나올 눈
신도 절규하는 은총의 선물

꼭 거쳐야 할 찬란한 문
결정할 수 있다는 것은
그래도 위안이 된다

뒤돌아보면
너무 고단하게도 처절하게도
살 일이 아닌 것을

복어

힘든 가을 걷이 끝난 동구밖, 손바닥만한 무 밭이 운동장이던 시절, 복쟁이라고도 부르던 복어는 아이들 놀잇감이었습니다. 밟아도 밟아도 미끈미끈 터지지 않는 요놈은, 눈알만 말똥말똥 잘 죽지도 않았습니다.

저녁밥 먹으라고 부르는 소리에, 동네 아이들 다 가버린 귀퉁이, 불룩한 배를 내밀고 독기 씩씩거리고 있었지요.

암초가 있는 곳에서도 날씬한 몸을 지니고 헤엄을 치다가, 큰 놈이 나타나면 힘껏 물을 마셔 금방 터질듯한 배를 만드는 아주 영악띤 놈입니다. 좋은 고기는 다 팔고 그저 가난한 어부들이 맛있다고 먹다, 숨도 못 쉬고 부들부들 떨다, 황천으로 신속히 가는 무서운 독을 가졌지요.

눈은 말할 것도 없고 진한 피, 간, 알 모두 치명적인 독이 있고, 일반 사람들이 쉽게 먹을 수가 없어 칼을 피해 갔습니다.

수천년 종족을 보존하기 위해 몸속 곳곳에 독을 간직하고 있으며, 잘 생긴 이빨에 손가락을 물리면 절단되는 아주 강한 치아를 가졌지요. 독 맛을 아는 위엣것들이, 함부로 접근을 할 수가 없답니다.

정월 대보름 지나 대설주의보 내린 새벽, 엄니의 쌀밥에 속이 확 풀리는 김치찌개, 급하게 올라오는 굴뚝 연기 생각, 얻어온 컵라면 두 개, 부스럭 소리에 잠못 이루다가, 눈치껏 소리 나지 않게 먹은 노숙인 김씨, 복어의 부른 배처럼 씩씩댑니다.

선거철이라 푸짐한 저녁 무료급식 끼니나 때우다 버려진 노자들, 이곳저곳 복어처럼 독만 가득합니다.

고등어회

고등어회 한 점에는 바다가 있다

아들에게
어부인 늙은 아버지는
무엇을 잃어 버리지 말라는지
거친 바다가 낳은 고등어를 보낸다

겨울 바다가 보고 싶다면
한 잔에 바다를 담아 마실 일이다

참돔 낚시

첫사랑 이루지 못해
바다에 오면 슬픈 너에게

선홍 빛깔
별의 옷을 입은 참돔

하룻저녁
술상 같은 지친 일상을 털고
순간의 포착
길지 않는 손맛
바다의 미인은
미친 듯 바늘에 걸려 오신다

외로운 너에게
바다는 여인이 된다

상추자 백구호

바다가 보이지 않게 막아버린 돌로 만든 담에도, 바람의 구멍은 있습니다.

바다가 무서웠던지, 윗집 할아버지집의 돌담은, 마당을 빙 두르고 서 있었습니다. 그 많던 돌들은 하얀색이 많이 들어갔으며, 시루떡 같이 잘 포개어져 있었는데, 아마 해방뚱산을 개간하다가 얻은 돌 같았습니다.

그 집에는 이름도 아름다운 통통선 백구호가 있었습니다.

한 번은 멀리 겨울 어장을 나갔습니다. 겨울 어장에는 참돔과 삼치가 많이 잡혔지요. 수협에서는 그 고기를 일본으로 수출한다는 사실을, 나중에 알게 되었습니다.

작은 나무상자에 참돔이나 삼치를 넣고, 그 위에 얼음을 뿌린 다음 마지막으로 파란 창호지를 덮어, 차곡차곡 쌓아 일본으로 보냈습니다.

그 파란 창호지를 어떻게 얻었는지는 어렴풋이 짐작은 가지만, 질긴 창호지로 아랫집 할아버지는 참연을 잘 만들어 주셨습니다.

한 겨울날, 보이지도 않게 높이 날던 연들의 향연을 생각하면 지금도 가슴이 설렙니다.

겨울 바다에서 어장을 마치고 포구에 들어오던 백구호는 그만, 폭풍을 만나고, 스크루에 그물이 걸려 생사의 갈림길에 놓였답니다. 선장과 선원을 합치면 그저 일곱 여덟 명일 텐데, 단호한 선장의 명령은 이렇게 시작되었습니다.

"칼을 갈고 불을 지펴라" 조금도 망설임 없이, 그 추운 겨울 바다에 들어가 칼로 스크루에 걸린 그물을 썰고 끊고 올라와 몸을 녹이고, 다시 바다 속에 들어가 그물을 끊기를 몇 번, 결국은 무사히 죽음의 바다를 탈출할 수 있었답니다.

세월이 많이 흐른 후, 선장의 아내인 어머니에게서

나는 이 말을 들을 수가 있었습니다.

항구에 들어온 백구호를 할머니가 쓰다듬으면서 “백구야 백구야, 용하게 살아왔구나, 용하게 살아왔어.” 하며 뱃머리를 쓰다듬었답니다.

그 고기 먹었던 사람들, 간 사람은 먼저 가고, 운좋게 남겨진 사람은 이런 이야기를 종종 술 안주 삼아 한답니다.

부도탑

오시는
함박눈
청계사 부도탑

갈 곳 찾지 않아
흩날리는 노승인지

의료원 외상 남기고
떠돌던 노숙인인지

뼈조각 찧어도 찧어도
부서지지 않아
함박눈이 되었나

지친 땅에 있는
우리를 눈뜨게 한다

제주 4·3 항쟁 가해자

그 겨울을 잊을 수가 없다. 저녁 무렵, 막 어장을 마치고 큰 아버지는 포구 바로 옆인 집으로 걸어오고 계셨지. 한 손에는 저녁 상에 오를, 열기라고 부르는 내바리 큰놈 몇 마리를 들고, 머리에는 솜이 조금 들어갔고 귀를 막아줄 모자를 쓰고, 누빈 솜바지와 윗 옷위에 입은 갑바 라고 부르는 두터운 우의를 입고, 완전 무장한 전사처럼, 뚜벅뚜벅 걸어오시던 모습을 나는 결코 잊을 수가 없다.

바다가 고향인 어촌의 날것 그대로의 풍경을, 나는 잊을 수가 없는 것이다.

물론 그날 저녁 내바리 매운탕, 내장에 쌍으로 붙은 노란 알의 맛이 더욱 그리운 것은 무슨 이유일까?

수많은 세월 동안, 많고도 많은 육지의 난을 피해 뿔뿔이 흩어져 고향을 만들던 유민들, 그 중에 한 무리가 어지럽게 제주도를 향해 가다, 폭풍을 만나 고향이 되어버린 가족이 있었으니, 바다가 고향이 되어버린 아름답던 추자도.

한 소년이 열심히 공부한 나머지, 경찰이 되었다는 기쁨도 잠시, 제주도 4·3 항쟁 토벌대로 한라산의 놀란 노루처럼 뛰어다닐 때, 사람고기를 먹었는지 술만 드시면 눈에 파란불이 켜지고, 그 작은 골목길을 총알같이 헤매이다, 제풀에 어쩔 수 없어 후포 포구에 몸을 던졌던 소년.

아직도 사람들 가슴에 구멍이 뚫려 있는데 "다 정리되었으니 와서 같이 근무하자"던 제주 경찰서의 부름을 마다하고, 그저 고기잡이 어부로 늙어버린 소년.

놀라 심장병 얻어 조용히 후포를 산책할 때, 모두가 한바탕 꿈만이었을까? 총 든 가해자도, 상처 입은 피해자가 되어버렸고, 진짜 가해자는 누구인지 알 만한 나이가 되어버린 소년은, 앞바다 숭어 한 접시에 물탄 소주가 그리운지 빙긋이 웃고만 있다.

상추자 후포에서

바다를 위로하던 새벽이
축제를 허락하면
날치는 축포처럼 튀어 올랐습니다

아침 햇살이 일제히 밧줄에 쏟아져
밤새 깔아놓은 그물위로 팽팽하게 튕기면
물방울은 함성이 되어 터져 나왔습니다

등과 꼬리에 몰린 집중
하늘을 끌어당기고
양쪽의 지느러미는
놀란 눈동자되어
순간을 비행할 수 있었습니다

은빛 비늘로 치장하던 몸
그물에 코를 박고 날개가 걸려 찢겨
자기도 모르게 깔깔대다 지쳐도
날치는 아무렇지도 않은 듯
몸통을 한 바구니씩 내주었습니다

날치가 숨죽인 오후가 되면
섬 뒤편 포구를 점령한 아이들
아무것도 입지 않고
호호 깔깔대며
바닷속을 날아다녔지요

그 날치들 다 어디가고
후포와 하늘은 아이들 보고 싶은지
쏴아아 쏴아 데굴데굴 쏴아아
불러 봅니다

제4부

나의 서양미술 순례

돈데보이

어린 딸아이는 보호시설에
눈이 큰 아들놈은 쉼터에 맡기고
배낭을 메고 도시의 밤을 거닐다가
어디로 가야 하는지 방향을 잃어 버렸습니다

모래성같은 세월을 쌓다가
모든 것이 사라져 버렸습니다

아늑한 쉴 곳을 헤집다가
플렛폼에서 열차는 떠나고
티니 이노호사의 돈데보이가 흐릅니다

낭떠러지 가는 길
불같은 희망이
또다시 속이지만
파산된 나를 건져주는 것은
먼지 수북한 엘피판 음악이었습니다

차라리 도시의
모래시계 위에서

한방의 총탄소리에 놀라
막 떨어지는 낙엽이 되고 싶습니다

멕시코와 텍사스 사이
떠도는 난민들에게도
낙타들의 발자국 모래 바람처럼
돈데보이가 흐르고 있습니다

밤에 피어나는 꽃

수원역 맞은편
함석지붕으로 잇댄 골목을
나는 사창가라고 말하지 않으련다

구겨진 날들 제치고
구불구불 길이만큼
수줍고도 당당한
겨우살이꽃 빛깔은 언제나 따스하다

보송보송속삭이는잔털위로솟은향기
살며시어루만져순간을스치는부드러움
올올이기다란흑비단머릿결닿을듯말듯

핏빛 세상
허기진 몰골 껴안고
숲에 눕는다

모든 애달픈 것들을 흐르게 하는 저녁 강물이어라

어쩌다라는 말

입술 위로 떨어지기 전
꽃봉오리 오른 가슴
품어버린 당신인데

단 하나
소쩍새 절규처럼
님을 만나지 못한 서러움
있으면 또한 어떠하리

봄날

—대구 지역 옥상에서 뛰어내린 아이들을 추모하며

팔랑팔랑 팔랑팔랑
호호 깔깔 하하 깔깔
4월이면 나풀나풀 향기소리

꽃구경, 얼굴만 봐도
까르르르, 활짝 팔짝, 수학여행 마치고

뚜벅뚜벅 빈 계단 오르다
막힌 담 뛰어내린 아이들
봄날은 가득하다

호호호호 하하하하
팔랑팔랑 팔랑팔랑

살아온 무게만큼
오색꽃잎 피어 지상 위로 말한다

"그만 떨어지자, 그만 죽이든지"
"죽이지 않으면, 떨어지지 않을께"

뚜벅뚜벅뚜벅뚜벅
호호깔깔하하하하
팔랑팔랑팔랑팔랑

영안실에 흐르는 첼로

찢어진 가슴을
첼로는 낮게 보듬고 있더라

소주잔에는
산자들을 위한 마지막 잔치
떨어지더라

그때
구십여 년 여인의 미소
왔던 길 잘 가라고
가난한 눈망울에 들어오더라

한 순간
모든 것을 걸고
환장하게 하는
어린 손녀와 첼로는
몇 소절을 부둥켜안고
그렇게 가시더라

자궁

질투의 씨가
탐욕으로 얼룩진 자궁에
또 다시 괴물을 잉태한다

시간이 지날수록
반복되는 역사의 후퇴

어머니가 되지 못한
지구는 울고 있다

건널목에

한 여인이 서 있다

지구 반대편에
웃고 있는 모습을 전송한다

저녁 회식으로 회를 먹어
바다에게 회신을 보내는지
"또 다시 너를 만나고 싶어"

지난주 히말라야 등산중에 만난 들꽃에게
위성을 통해 안부를 전한다
"언제쯤 이 도시를 히말라야 산맥으로 만들 거니"

트럼펫에 깔때기를 넣은 음률이
지구의 이쪽에서 울리더니
다른 별을 향해 날아가고

이집트 카이로 반정부 세력들
거리에 '피의 꽃' 으로 피어나는 저녁

나는 지구를 닮은
그녀와 사랑을 하고 싶다

거리에서

아주 태연하게 해는 떠 있다가
피곤한지 수원역으로 지면

날파리들이 몰리듯
친구 노숙인 몇몇이
주위에서 주섬주섬 비닐봉투를 연다

소주가 소변으로 변하고
컵라면이라 여물지 않은 대변
구수래한 냄새, 짓이겨진 몰골
온몸을 땅에 뭉개고
새우처럼 엎드려
한 평 지상은 개판이라고
우주와 교신중이다

"저 자식 병원에 가야 하는디"
"알콜병원은 정신병원이라 절대 가지 않지"

권리와 방임과 강제집행 사이에
흐르는 애처러움

길은 있는데
가고 싶은 길이 없다

귀농 백만 송이

우짜노
못 먹어도 고데이
노름꾼 도둑놈 배짱,
봉이 김선달 노숙인
대동강 물 팔아먹듯
졸작 백 만 권만 팔아
노숙인들과 농사 지을라고

도와주이소
좀 살구루

곶감 빼먹듯

위, 아래 빼먹어도
일용직 잘 나가던 시절
한 달에 스무 개만 뽑아도 괜찮았지

비 올 날 알아차린 몸뚱아리
노가다 줄고
월세보증금
곶감처럼 빼먹더니
날 방, 만화방 쪽박을 찬 거지

겨우 존심 꺾고 찾아간 쉼터
뭐 이리 간섭이 많은지
통제, 통제, 통제
에이라, 관둬라

일시보호소에
간간이 가는 일용직
비오면 정치판처럼 우울하다

목간통에서

웜마 징하요잉
지랄한다
한때는 거시기 헛것소잉
말하믄 잔소리제

잔말 말고 등이나 밀어
때도 벨로 읎소잉
와따 시원항마
목간하고 웃목에나 눕자고잉
그라제라
저녁은 묵고 왔응께 틀어놓은 영화나 보고 자장께

그란디 어디서 본 것 같소잉
이 사람이 참말로 말이 많네
웜마 웃골 삼촌 아니요잉
니는 거시기 동팔이 아니여
으쩌다가 요런디서 만나불었는지 모르것네잉
괴안타, 나가서 막걸리나 한잔 하자

노숙인 일시보호소의 샤워실

홍 샘을 보내고

저는 수원에 있는데요, 혹시 홍 성님 아시지요. 위독하신데 한 번 수원에 오지 않으실래요. 여섯 시간이 지난 후에, 헉헉대는 목숨에 일격을 날려, 미안하지만 당신들이 알아서 뒷수습 부탁합니다.

두 통화의 전화로, 육십여 년 따스한 세상에게 마지막 미소 보내고, 밥 숟가락 놓아 버렸지.

그럴만도 하지. 우라질노무 더러운 성질은 육십 년에 걸친 마음의 상처였지. 시절 좋았던 조경 사업 허구한날 술 타령, 술 사주고 돈 쓰면 좋은 사람 되는지, 한 번 처먹으면 쏘주 열한 병 독주로 변하더니, 결국 모두에게서 쫓겨나 수원역 노숙인 생활 오년 만에 남은 것은 간땡이 부은 것 하나지.

이 병원 쉬었다 술 처먹고, 저 병원 입·퇴원 술 드시고 달세방 캄캄한 여인숙 피오줌 받아내다가, 그래도 미우나 고우나 어이하리, 좋다는 서울 큰 병원 입원하고 돌아와, 한달 만에 가버린 나의 친구 노숙인 홍 샘.

진종일 비는 왜 이리도 적당히 내려 사람 마음 낚아채는지, 화장장에 웃음이 없는 이유는, 모두가 죽음을 앞에 둔 저승 예약 손님이라는 사실만이 아닐 것이다.

사진 한 장, 초 한 자루, 피우는 향, 아침, 점심, 저녁중 한두 끼 굶듯이 사진도, 초 한 자루도, 생략해 버린 두어 시간, 살아서 얼굴 새까만 모습이 불로 지져냈는지, 순백의 모습으로 다시 태어나, 화로에서 식고 있었다.

주섬주섬 지난 세월을 담아 이젠 자동으로 간단히 작살내 버린 마지막 육신이지만, 다시 태어나도 그놈의 마음 상처 닦아내지 못하면, 노숙인 되지. 부고 한 장 보내지 않았는데 동료 죽었다고 소문나, 서너 명 수원역 식구들 오더니 말없이 담배만 축내고 간다.

밉다, 죽어서 찾아오는 사람들이, 살아 있어 고통스러울 때는 밥이 문제가 아니라 정이 문젠데, 이 병원 저 병원 다닐 때 아무 신경 안 쓰던 거룩한 사람들이 무슨 주문을 그리도 외우는지, 가느다란 손 한번 마른 그의 입술에 물 한 모금 적셔줘야 할 우리들을 가르치는 선생님이었는데, 다행인 것은 싸질러놓은 새끼가 없다는 것.

겨울 다 가고 봄을 기다리던 어느 찬바람 불고 비 오던 날, 그는 그렇게 가 버렸지만 수원역에 그의 친구들 아직도 술독에 빠져 있다. 도대체 술 누가 만들어 그 돈 다 어디에 쓰는지, 센터 여자 쌤은 무엇이 그리 서럽고 미안하고 원통한지, 하루종일 뒷마당 주차장 돌며, 내리는 비 다 맞으며 울고 있다.

오중이와 도이

무슨 영화 제목 같은 이름이지만, 참 기가 막히다. 사무실 간이 부엌에서 만든 김밥 맛을, 오중이와 도이는 안다. 약간 식은 밥에 국물을 뺀 참치 캔 넣고, 간장에 식초 조금 뿌리고 묵은 김치 넣고, 둘둘 썰지 않고 말아, 옆구리 터지는 김밥은 언제나 맛있지, 배도 고프고, 마음도 고프니까.

입이 약간 튀어나온 오중이, 그리고 쉬운 길이 되라고 이름을 지어준 도이, 밥 때문에 싸우는 세상에 적은 돈 웃음띤 김밥이면 되는데, 맛있는 김밥 서로 많이 먹으려고, 잽싼 손놀림 김밥 한 줄을 입에 넣어 우적우적 먹는 폼이 참 맛있다.

먹성 좋기는 도이 녀석이 당연 일등이지만, 거기에 질 오중이가 아니지. 도이 녀석은 김밥을 씹지도 않는지, 그저 연신 입에 넣는 꼴, 오중이 녀석은 음식을 천천히 먹는데, 도이 녀석의 빠른 김밥 강탈에, 오중이 그 큰 김밥을 아가리 벌리고 필사적으로 넣는다. 힐끗힐끗 도이를 보면서, 쑥 나온 입에 김밥을 넣는 모습이 이쁘다.

오늘 두 녀석이 센터에서 잠을 잔다. 도이 녀석은 그저 어디 이삼일 오지 않다가 찾아와서, 제 집 인양 휘젓고 다니며, 샤워하고 빨래해야 한다고 연신 야단이다. 오중이는 오늘 일당 나갔다가 비가 와서 반대가리만 했다고 그 젖은 몸으로 퇴근 시간에 왔다.

모두가 샤워를 하고 새 체육복을 갈아 입으니, 그저 동생 같이들 귀엽고 이쁘다. 근무하는 김샘이 오중이와 더욱 친해질 욕심으로 내기 장기를 하자고 꼬신다. 그저 막상 막하지만 그래도 재미있게 장기를 두던 두 사람이, 천원 빵 장기에, 어어, 한방이 있어, 히죽히죽, 아이고, 한다.

봄비인지 하루 종일 비가 내리는 사무실 저녁 풍경이다. 두 녀석 일찍 침대에 누워 있다. 오중이는 집보다 이곳이 좋아 종종 놀러온다.

도이는 일가 친지가 뭔지도 모르는 놈아다. 우라질 까놓았으면 출생신고라도 해 놓을 일인데, 그것도 못하고 버린 애비 에미 마음을 어이 알까.

오중이는 태어나자마자 고아원에 보내져, 고아원에서 세월 다 보내다가, 아무것도 없이, 그곳이 싫어서 그냥 노숙생활을 했다. 오중이는 참 고생 많이 했지. 사람들 많이 있는 곳이 싫어, 후미진 작은 공원에서 봄, 여름, 가을, 겨울 그리고 몇해의 계절을, 버려진 고양이처럼 살아왔다.

오중이는 매입임대주택 사업으로 좋은 집에 살고 있고, 중학교 검정고시 준비 중인데, 말도 못하고 듣지도 못하는 눈치가 백단인 농아 도이는, 약 서른 일곱살에 이곳저곳 저곳이곳, 방랑기가 심해 전국을 돌며, 노숙했다, 들어왔다, 나갔다, 자기 마음이다. 호적도 만들고 이런저런 참 많은 서비스를 했는데, 그 모든 것이 자기 마음에 안 드는지, 전국을 쏴다니는 전국구다.

혼자라면 그와 같이 사는 것이 답인데….

콧뼈 나간 날

하룻 밤 신세지다가
수 틀리면 뒷날 오지 않으면 그만인
일시보호소

“점심때 막걸리 한잔 했는디 아직 안 깼어”
“저 놈은 왼 코를 그렇게 고냐고”
길거리 오야봉파, 쌍칼파, 똥파리파
여기서 다 잠잔다
“무섭다고, 실무자 선생님, 어떻게 좀 해주소”
“저런 새끼를 왜 여기서 재우냐고”
“니가 노숙을 해봤어”
“왜 그렇게 꼬치꼬치 삐꾸기만 날리냐고?”
“선생님은 얼어죽을 선생님이야, 내가 노숙자지”

갑자기 날라온 주먹에
콧뼈가 부러져
사무실은 하루 종일 피 흘린다

가슴 터져, 속 터져
홧김에 술 퍼마셔도
“그래도 어떻게 해 봅시다”

지쳐버린 땅에 오신 수사님 세분

수사 지망생이 부족한 수도원은 관광객만이 카메라에 마음을 담으며, 지친 일상에서 벗어난 지 오래 됐다. 하지만 사람들이 한 줄로만 줄서서 가는 지구위에서, 자유롭고 새로운 길을 개척하는 대표적인 세 수사님이 수원역에 계시다.

중귀님, 성길이, 그리고 을중이라는 수사님이다. 통 말이 없는 중귀님은, 육십이 훨씬 넘은 나이에 깨달은 바가 있어, 집에서 쫓겨나듯 출가하여, 뒤늦게 수도의 길을 선택했으며, 얼굴의 수염이 참 멋있다.

종말이 가까워, 건물 지하를 받치고 있는 기둥이 무너질까봐, 당신이 꼭 지켜야 한다는 분이다. 얼마 전에 오셔서 벌벌 떨며 샤워도 하고, 이발도 하고, 옷도 갈아 입었는데 또 다시 바닥에서, 사람들의 고통을 온몸으로 아파하고 있는 중이다.

성길이가 이 두분을 대충 수발도 들고 잔 심부름도 하고, 어디에서 추진하는지 먹을 것을 가져오기도 한다. 세 수사 중에서 제일 젊었지만, 애 늙은이처럼 눈치가 백단은 되어, 잠들지 못한 깊은 밤, 수원역 한 바퀴 돌며 에이라, 지갑의 돈을 털어 통닭과 소주를 시키면 잽싸게 업무추진도 가능하다.

을중이는 절대로 수사님들을 위한 일시보호소를 가지 않겠다고 한다. 그 이유가 뭐냐고 물으면 그저 미안해서, 제가 지은 죄가 많아서란다. 벌 받을 사람 따로 있는데, 수사님들이 원래 고집이 세지만, 아무리 말을 해도 듣지 않는 시간이 벌써 석 삼년이나 지나버렸다. 올겨울 얼어 돌아가실 순서중 일 번으로 생각 했는데, 아직도 밥숟가락 놓지 않았다.

수도자의 덕목을 두루 갖춘 이들은, 몸이 말을 듣지 않아 일을 못할 뿐, 그저 제 잘난 맛에 살고 있지도 않고, 서로에게 뭘 요구 하지도 않고, 돈 욕심이 없고, 배 터져 죽는 세상에 하루 한끼 정도가 먹는 음식이며, 지금이라도 검정고시를 봐서 관복을 입을 욕심도 없고, 다행스러운 것인지 몰래 싸질러 놓은 새끼들이 없어 걱정도 없고, 기본기에 충실하여 모든 종교 시설을 걷는 순례의 길, 뼈꼴빠지는 몇푼의 돈으로 친구 수사들을 위해 간병도 한다. 누군가 검정 비닐 봉투, 무엇인지 모르면서도 주면 고맙다고, 누런 이빨로 웃는, 그들 중에 을중이 수사님이 제일 이쁘다.

바쁜 수원역 지하 1층 밤 10시경에 오실 일이 있으시면, 휴대폰도 새것으로 장만 하시고, 돈 찾는 기계옆에 쪼그리고 앉아 있는 수사님들을 만날 수 있다.

욕심이 있다면 종종 막갈리 먹을 때, 연거푸 두 잔 먹는다고 핀잔 주고 받는 것 말고는 도무지 모든 마음을 비우며, 수도에 정신 팔린 이땅의 지독한 노숙 수도자들이 있다. 혹시 여윳돈 된다면 막갈리 값이라도 몇 푼 주고 갈 일이다.

지금 중귀님은 행방불명이고, 성길님은 어쩌다 한 번씩 보이고, 을중님은 시골 요양병원에 가신 지 거반 이 년이 지나간다.

나의 서양미술 순례

창조적인 쉼에 목말라 하던 차에 문득, 한 장의 페이퍼를 손에 쥘 수 있었음은 작은 행복이었습니다. 올 4월 말 독일행 비행기에 몸을 실은 것은, 학술회의가 주목적 이었지만, 미술관과 음악회에 몸과 마음이 간 것을 두고, 스스로 탓하지는 않을 것입니다.

뒤쉘도르프의 현대미술관 K21에서는 미국 각지의 사형집행시설을 촬영한 사진 작품들이 전시되어 있었습니다. 전기의자는 물론이고, 약물주사로 처형하기 위해 사형수를 붙들어매는 처형대, 유리창 너머로 처형장면을 지켜보도록 만든 방, 사람을 전혀 찍지도 않고 청결하며, 심지어 아름답다고도 할 수 있는 조형물이었음은, 저만 생각하지는 않았을 것입니다.

사람의 목숨을 빼앗는 작업에서 희생자의 피나 눈물, 한과 분노 등 인간적인 요소를 철저히 배제해 버리고, 일종의 미에 도달했다고나 할까?

윗글은 한때 애독하며 가까운 사람들에게 책 선물을 주는 즐거움을 누렸던 『나의 서양 미술 순례』의 저자

서경식 선생님의 글을 편집한 것입니다.

유신 전야였던 1971년, 두 형을 빼앗기고 서양 미술 순례를 통해 서 경식 선생님은, 아픈 가슴을 달래기 위해 여행길에 올랐음을 알고 난 후, 그의 아픈 가족사 때문에 더욱 아린 가슴을 간직했습니다.

2007년 말로 마지막 사형집행이 있은 지 10년이 되고, 한국에서 시민단체가 주최하는 '사형폐지국가 선언식'이 얼마 전에 열렸습니다. 이왕에 제도적 사형을 폐지하여, 인근 국가들에게 각성을 촉구했으면 하는 것은, 매스컴에만 나오는 이야기가 아닌 사람에 대한 신의를 믿으며, 성장을 믿는 모든 사람들의 한결같은 마음일 것입니다.

사형선고를 받지도 않았으면서, 서서히 집행되어 가는 거리의 노숙인들은 사형선고를 받은 것일까? 아니면, 그들은 자발적인 자살을 향해 그들의 정신과 몸을 거리에 맡겨버리고 있는가? 함께 이 현대 사회를 살고 있는 우리들은, 앵글 밖에서 무심히 집행 현장을 바라다보는 관객일 것인가?

가까이는 쉼터, 일시보호소, 상담 센터 등 허기를 면할 수 있는 많은 무료급식이 제공되고, 한두 병의 소주를 살 수 있는 순례의 길, 교회 꼬지도 있지만 그들은 왜 현대사회가 주는 사형제도를 온몸으로 받아들일까?

약 두달 전에 결핵요양원에 어렵게 보낸 한 어르신이 다시금 수원역에 나타나 아직도 거리에 계십니다.

왜 다시 오셨냐는 질문에 그냥 이곳에 오고 싶어서… 결핵에, 심장에 작은 혹까지 더하여, 오랜 세월 노숙하는 동료가 그립고, 그들과 같이 있으면 마음이 편안하고, 하루 한 끼의 식사를 하고 소주를 걸쳐도 그저 좋다는 노.숙.인. 어르신.

오늘 이 거리 수원역사에는, 깔끔한 처형 장면은 아니로되, 소주병과 컵라면이 함께 있는 사형집행 시설이 있고, 박스 한 장에 새우처럼 누워있는 사형 집행 사진이 현장에 있습니다.

수원역 막차를 이용하는 손님이, 그리운 부모님 대신, 노숙인에게 베푼 작은 성찬이 찍힌 사진 한 장, 후원자들이 보내오신 정성으로, 따스한 손 건네는 우리들이 한 장 한 장 사진틀로 살아 있습니다.

추워진 저녁에 먹은 술로 속이 쓰려도, 아침에 또 먹은 휑한 모습의 누워 있는 사진이, 역사 후미진 곳에 전시되어 있습니다. 거무스레한 얼굴, 남루한 외투, 사슴의 눈처럼 그리움을 담고 고정되어진 눈빛, 그 모두는 훌륭한 사형 집행 사진의 소품임은 이 가을 우리를 슬프게 합니다.

어떻게 우리는 이 서서히 집행되어 가는 사형 제도를 폐지할 수 있을까요?

백만 송이의 꿈

혹독한 겨울 벌판은 그 해 끝자락에 찾아 왔습니다. 마음 깊은 곳에 폭풍한설이 불어오지만, 그래도 넓고도 넓은 광활한 대우주 속에, 겨울은 어린아이처럼 안겨 있음을 믿습니다.

이곳 수원 다시서기 노숙인 종합지원센터에서 '노자' 들과의 생활을 깊은 밤 잠 설치며 반성해 보았습니다. 과연 '노자' 들을 위해 얼마나 헌신 했을까? 그동안 작은 정성의 결과물이 무엇일까?

단 몇 사람에게 희망의 말을 전했을까? 낯선 병상에서 흐르는 눈물 닦지도 않고, 가만히 두고 있을 벗님 생각에 잠이 오질 않았습니다.

온통 후회와 부끄러움이 저의 밤을 잡고 말았습니다. 여전히 이 사실은 유효하고, 지금도 저의 몸과 마음을 짓누르는 숙제가 되어 버렸습니다.

도시에서 살아가야 할 '노자' 들을 위해서는 작은 자원을 동원하여 어느 정도의 방향은 잡았지만, 이것으로는 부족하다는 생각을 가졌습니다.

허망한 욕망의 늪에서, 그 욕망의 실체도 파악하지 못하고, 살아야 하는 무기력, 의미의 포기와 한판 투쟁이 되어야 한다는 생각입니다.

우주가 탄생하면서 원초적으로 유전인자 속에 확보된 영적인 존재임을 발견해내야 하고, 그것을 서로가 서로에게 '이 세상에 나타나 해석' 하도록 옆에 있어야 한다는 것.

'기도와 노동과 헌신' 의 장기적인 공동체를, 대자연 속에서 꿈꿉니다. 자연의 치유 능력에 의지하고 싶은 마음이지요.

보이지 않지만 보일, 있지도 않지만 언젠가는 있을 땅과 바다에 공동체를 형성하고 싶습니다.

도시의 경쟁과 속도에서 자발적으로 벗어나 땅과 바다가 주는 '노동 후 노곤한 여유로움' 속에서 서로를

도울 수 있는 꿈 말입니다.

그곳에 존재 그 자체가 희망이 되는 벗님들과의 공동체, 늙음이 죽음으로 변하는 아름다운 순간을 함께하는 '노자'들과 소박하게 살아가는 꿈을 꾸어 봅니다.

그 꿈은 백만 송이의 여러분과 함께 할 희망입니다.

주막을 꿈꾸며

길 위에서 길 가는 벗에게 편지를 씁니다. 지난 봄날, 오지 않는 벗을 그리워하며 어느 길 위에 서 있을, 주저앉아 땅과 하늘을 기대고 누워있을, 아니면 정처없이, 보이지 않는 곳을 향해 있을 님을 위해, 주체할 수 없는 마음을 담았지요.

몸과 마음에 거칠게 오시는 겨울, 문득 주막이 생각났습니다. 호랑이와 산적이 있다는 고개를 넘기 전, 그저 따끈한 국밥 한 그릇 먹고, 같은 처지의 동무들과 함께 하룻밤 쉬어갈 그런 곳 말입니다.

어느 길을 향하든지 허허롭게, 타의에 의해서든 자의에 의해서든 선택한 길을 가고 있는 님을 위해서입니다. 인생의 비바람이 몰아쳐 목적지에 갈 수 없다면, 그저 사나흘 눌러앉아 빈둥빈둥거려도 좋을 곳 말입니다.

길 위에서 길을 만나는 거지요.

시험 보러 몇 년 전 서울 올라간 자식 걱정도, 논 몇 마지기로 풀칠하기 어렵다는 푸념도, 생선 장사, 마늘 장사, 배추 농사하다 결국 이자에 이자가 무서워 야반도주 한 우리들 삶의 이야기, 부모 재산 물려받아 잘 나가다, 경마장에 날려버린 윗마을 이씨, 술에 절어 그 어떤 도움도 싫고 죽음만 기다리는 우리들의 털보 최씨, 끝도 없을 무렵, 부엉이 울음 처량도 할 때, 마음씨 좋은 주모가 내온 시원한 동치미 한 그릇 비워내며, 긴 담뱃대 뽑아, 대청마루 연기 날리며, 보름달 밤 하늘 쳐다보는 그런 주막 말입니다.

알음알음 재수 좋게 먹고 자고 용돈 버는, 고단한 육신이 푼돈 이나마 고정적인 월 수입 있다면, 일도 삶도 불안한 공사판 노가다판 나가지 않아도, 여유있는 삶 작은 희망 담을 수 있는 그런 주막을 꿈 꿉니다.

허기진 배 채울 수 있는 밥과, 코고는 소리에 발 냄새 진동해도 잘 정돈되고 정갈한 방 대여섯, 동네 소문난 용한 어르신 침 한 대와 약 한 첩 먹을 수 있는 주막, 설령, 사람이 사람으로 말미암아 상처를 입었다 해도, 이런저런 상처 입은 마음을 서로가 서로에 의해 감

싸주는 주막.

상처 입은 영혼이 사람과 자연을 바라다보며, 우주의 근원과 교감케 하는 주막, 하여, 우리들 삶에 향기가 있어 아름다울 그런 주막을 꿈꿉니다.

호 아저씨의 후예

저에게 있어서 수원 다시서기 노숙인 종합지원센터는 참으로 많은 것들을 가르치는 현장이며, 이제까지 경험해 보지 못한 아픈 사연들이 세월처럼 다가오는 아름다운 일터입니다. 제 인생의 한 가운데에 서서 이 일들이 힘들지만 사랑할 수밖에 없음을 조용히 고백합니다.

베트남 국민들에게 영원한 영웅이 되어 버린 호 치민, '빛을 비추는 사람' 이라는 이름보다는 '호 아저씨'로 불렸던 영웅의 후예가 있습니다. 봄날도 한창인 5월초, 세 살 된 한 아이가 저희 기관에 한국인 아버지와 함께, 특별한 손님으로 오셨습니다. 물론 그의 어머니는 베트남 국민이지요.

나이 많은 겸이 아빠는 베트남에 가서 스무살 차이가 나는 아내를 만나, 그곳에서 결혼을 하고 한국에 귀국하여 겸이를 얻은 것이지요. 한국의 상황이 낯선 겸이의 엄마, 그리고 사랑하는 아내의 식구까지 도와야 할 겸이 아빠는 그야말로, 악전고투의 삶이었음을 미루어 짐작하고도 남을 일입니다.

베트남 국민은 영국, 프랑스에 이어 일본 제국주의, 최강 미합중국과도 싸워 이겨버린 조상을 가지고 있지요. 특별히 그의 선조들은 1954년 봄, 그 유명한 '디엔비엔푸 전투'에서 프랑스 원정군을 쑥대밭으로 만들어버렸고, 결국 나치 독일에 영웅적인 항쟁을 했던 레지스탕스의 나라 프랑스도 '젖과 꿀이 흐르는 땅' 베트남을, 눈물을 머금고 포기하게 했습니다.

중국 식당의 주방장으로 생활 중, 선배의 소개를 받고 게임장 딜러로, 중노동의 삶으로 전환한 것은 그의 꿈 때문이었을까요? 돈을 벌어 베트남에 가서 살고 싶다는 그의 소박한 희망은 오토바이 사고와, 베트남에 있는 열일곱 살 처남의 커다란 사고로, 몇 천만 원의 거금을 합의금으로 내놓아야 했습니다.

설상가상으로 게임장을 경찰이 덮쳐, 한 달 넘게 유치장 생활을 하고 있는 사이에, 모질게도 겸이 엄마는 전세보증금을 챙겨 겸이를 인근 교회에 맡겨 버리고, 어디론지 가출해 버린 것입니다.

근 한 달 가량 겸이 엄마를 찾기 위한 노력도 허사로, 허리 디스크와 지병, 망가진 몸으로 당신 한 목숨도 부지하기가 어려워, 아들 겸이를 입양 보내기 위해 저희 기관에 무작정 오신 것이지요.

그 동안 겸이 아빠의 준노숙 상태와 아픈 마음을 생각하면 가슴이 미어집니다. 입양을 위해 수많은 기관에 끈질기게 전화를 했건만, 살아계신 겸이 할아버지의 땅이 겸이 아버지에게 유산으로 되어 있고, 겸이 엄마를 상대로 가출신고를 하지 못했고, 엄마의 동의서가 없어서 입양이 안 된다는 것입니다.

"그래도 애기 엄마인데 가출 신고를 하면 불법체류자가 되잖아요?"

"철이 없어서 그랬겠지요"

"언젠가 돌아오면 받아 주겠다"는 겸이 아빠의 따스한 마음도 예쁘고, 어렵게 살고 있는 조국 베트남의 많은 가족들을 돕기 위해, 북베트남~라오스~캄푸치아~남베트남으로 이어지는 밀림 속의 '호치민 루트' 처럼 용의주도하게 가출을 결행해 버린 겸이 엄마도 밉기는 밉지만 이해가 갑니다.

혹, 겸이 엄마가 파월장병 국군 아저씨의 피를 물려받은 우리들 누이의 누이라는 생각은 지나친 상상력일까요?

전혀 새로운 태양이 떠오르는 내일, 하늘의 도움인지 겸이 아빠는 입양을 포기하고, 시골 아버지의 집으로 귀향하기로 결정을 하시고, 오늘 수원 다시서기 상담센터에서의 마지막 밤을 보내고 있지요.

장군의 눈썹을 한 겸이가 훗날 장하게 커서 그의 부모님과 양 국가의 근·현대사를 따스한 가슴으로 이해할 수 있기를 꿈꿔보는 저와, 함께 고생하는 사무실의 선생님들, 그리고 벗님들의 영혼은 넓고도 깊은 바다를 붉디붉게 물들이는 저녁 노을 속에 있음을….

■해설

시로 조명한 노숙인들의 위기와 희망

박 몽 구
(시인 · 문학평론가)

최근 들어 우리시의 두드러진 흐름 가운데 하나는 막연한 대상을 노래하기보다 구체적인 삶의 드라마를 시의 안으로 끌어들이는 것이다. 나아가 그럴듯하게 보이는 소재가 아닌 시인이 몸담고 있는 삶의 작은 공간을 실감있게 다루는 시들이 주목받고 있다. 그렇게 함으로써 공허하고 막연한 정서에서 벗어나 절실한 공감을 자아낼 수 있기 때문이다. 어려운 시국이나 불온한 삶의 현실을 앞에 하고, 큰 소리를 내는 시들보다 낮은 자리에 뿌리를 내리고 차분하게 바른 세계를 지향하는 사유를 펼친 시들이 더욱 설득력을 띤 채 다가오고 있다. 1980년대에 명멸했던 시인들이 오늘날 목

소리를 잃고 있는 현실도 따지고 보면 이 같은 현상과 무관치 않다.

김대술 시인은 그 같은 점에서 새삼 주목이 가는 사람이다. 그는 성공회 사제로서 현재 수원 노숙인 다시서기센터 책임자로 일하고 있다. 추자도가 고향인 그는 서울에 올라와 행상과 일용직 등 여러 생활을 전전한 바 있고, 뒤늦게 신학 공부에 정진하여 목회자의 길로 들어선 사람이다. 그는 성공회 사제가 된 뒤에도 평탄하게 목회자의 길을 걸을 기회가 있었음에도 불구하고 한센인 돕기 등 무겁고 수고로운 짐을 마다하지 않고 걸어온 끝에 수년 전부터 수원역 근처에서 오갈 데 없는 노숙인들에게 쉼터를 제공하고 나아가 그들이 다시 삶의 의욕을 되찾아 자립할 수 있도록 돕는 일에 매진하고 있다. 그는 다년간 노숙인들을 보살피는 성공회 주관의 '수원 다시서기 노숙인 종합지원센터' 책임자로 묵묵히 일해왔다. 또한 낮은 데 있는 사람들의 수족이 되느라 분주하게 보내면서도, 틈틈이 시를 갈고 다듬는 일을 꾸준히 궁행해 왔다. 삶과 유리된 시들이 횡행하는 최근 시단의 사정을 돌아보면서, 그가 우리 시의 건강성 회복과 미래 지향적 전개에 기여할 몫이 있으리라는 굳건한 믿음을 갖게 한다.

삶과 일치된 시의 세계

김대술의 시세계에서 우선 주목이 가는 점은 그가

점철해온 삶이 고스란히 그의 시 속에 녹아 있다는 것이다. 그가 즐겨 다루는 고향 바다와 노숙인들의 삶을 둘러싼 드라마는 단순히 시적 소재를 넘어, 우리 시대의 일그러진 자본주의가 앓고 있는 상처이기도 하다. 그는 그것을 단순히 분노와 고발을 넘어 따스한 애정으로 감싸고 함께 극복하는 길을 모색하는 자세를 견지한다. 그렇게 함으로써 시의 소재는 생동감을 띠게 되고, 그것이 시의 그릇에 담겼을 때에도 생경하거나 목소리만 두드러지는 일이 없이 독자들에게 다가가게 된다.

무거운 장비로 외벽을 치고
정상을 바라보는 야생화
발밑에 깔려 있어
더욱 향기롭다

입김은 펄럭이는 파란 깃발
북벽에 붙은 심장 메아리쳐도
얼음도가니에 든 몸은 풀리지 않는다

아이거만의 폭설과 낙석
포기할 수 없어
사랑하는 사람의 가슴을
아이젠 날카로움으로 찍어 오른다

얼어붙은 로프에 기댄 동료

비수의 차디찬 날로
끊어버린 직후

뒤돌아보지 않는 자에게 길은 열리지만
피톤으로 몸을 절벽에 박고
오를 수도, 내려갈 수도 없는
빙벽의 침묵

아이거 북벽
인적 끊긴 수원역 북쪽에 있다

–「아이거 북벽」 전문

자신이 몸담고 있는 노숙인들이 처한 현실을 바탕으로 씌어진 작품이다. 그는 자기 앞에 놓인 현실 외에 함께 살아가는 동시대인을 돌아보지 않는 우리 시대 소시민들의 삶의 모습을 '아이거 북벽' 으로 상징한다. 절대적인 가난에 시달리는 것이 아니라 사랑 부족으로 더욱 장벽이 쌓여가는 우리 시대의 현실을 화자는 '얼어붙은 로프에 기댄 동료/ 비수의 차디찬 날로/ 끊어버린 직후// 뒤돌아보지 않는 자에게 길은 열리지만/ 피톤으로 몸을 절벽에 박고/ 오를 수도, 내려갈 수도 없는/ 빙벽의 침묵' 이라고 묘사하고 있다. 여기서 '로프' 는 이웃간에 서로 마음을 주고받는 연대를 상징하며, '빙벽' 은 개인의 밀실에만 갇혀 살아갈 뿐 이웃들을 돌아보지 않고 살아가는 무관심과 차단된 마음을 상징한다.

그는 이처럼 상대적인 빈곤과 무관심이 팽배한 현실을 직시하는 한편, 그를 넘어서 함께 살아가는 길을 묵묵히 모색해온 사람이다. 그러나 이 같은 현실을 초래한 사람들을 원망하거나 고발에 기우는 법 없이 따스한 사랑의 연대가 필요하다고 말한다.

길을 걷는다는 것은
외로움이 그리움을 업고 가는 것

신세진 겨울을 갚기 위해
비닐봉투에 친구 이름 넣어 불러주면
두터운 빙벽 이기며
제비꽃 생글거리는 미소 피어난다

화물트럭 운전기사
무너지는 뇌졸중만 남고
질주하는 광장을 바라보던
길다란 무료급식 줄에서 만난 삼년 전과
똑같이 춥지 않다

운전석 한 평에서
여인숙 방 두 평으로, 고만고만 열 댓개의 방
이불 한 채, 가스버너, 밥통과 수저
그의 지친 몸처럼 엎어진 막걸리 병

찌그러진 양은냄비에 익어가는

인도산 향긋한 카레 냄새가
노을처럼 맛있다

-「고등동 여인숙」 부분

위의 시는 온몸을 부려 트럭을 몰던 운전기사 과로와 줄어든 일감에 가져다준 빚더미에 떠밀려 하루아침에 노숙인으로 전락한 현실의 드라마다. 지극히 어려운 현실에 처하여 있음에도 불구하고 무료급식과 다시서기센터의 노숙인 살리기 프로그램을 통해 재기한 모습을 묘사하고 있다. 화자는 '신세진 겨울을 갚기 위해 / 비닐봉투에 친구 이름 넣어 불러주면/ 두터운 빙벽이기며/ 제비꽃 생글거리는 미소 피어난다' 고 노래함으로써 어려움도 함께 나누면 거뜬히 극복해내고 일어설 수 있다는 사유를 담고 있다. '비닐 봉투', '제비꽃' 등의 시어는 어려운 고난의 겨울을 딛고 일어서는 이웃에 대한 관심과 추위를 딛고 꽃피는 인간미를 상징한다고 볼 수 있다. 이렇게 연대가 이루어질 때 차가운 한뎃잠에서 '운전석 한 평에서/ 여인숙 방 두 평으로' 점점 나아가는 모습이 선명하게 보인다. 부족하면 부족한 대로 조금씩 덜어내 따스한 연대를 이루어나갈 때 '찌그러진 양은냄비에 익어가는 카레 냄새도 노을처럼 맛있' 어지기 마련이라는 시인의 생각을 잘 읽을 수 있다. 이 시대의 가난한 사람들이 처한 현실은 실로 가혹하다. 시인은 그것을 동정이 아닌 따스한 나눔과 사랑의 연대로써 극복해 나갈 수 있다고 말한다.

다른 한편 김대술 시인은 이번 시집에서 고향 추자도 앞바다를 비롯한 고향과 자연을 시의 공간으로 넉넉하게 끌어들이고 있다. 그러나 단순한 회고라거나 그리움에서 벗어난 건강한 삶의 공간으로 제시되어 있음을 살펴볼 수 있다.

> 여름날 새벽, 갈치 낚시 마치고 돌아온 어부가 굽는 은갈치 맛 때문인지, 하늘에 있던 별들도 실눈을 뜨고 바라보고 있다.
>
> 참숯과 석쇠, 그리고 갈치위에 뿌린 굵은 소금처럼, 점점이 박힌 은하수는 늙은 어부가 보고 싶은 것이다.
>
> 바다는 은하수를 바라보고, 늙은 어부는 은갈치가 되었다.
>
> –「여름밤 은 갈치와 은하수」 전문

> 함께 배를 타던 이웃집 아저씨들과 친구들을 거친 겨울바다가 삼켜버려 한 없이 미워도, 아무 일 없었다는 듯이 굴뚝 옆에 앉아있는 소년의 눈동자 속에 바다가 들어오면, 겨울이어도 섬은 아늑했습니다.
>
> 파시철처럼 모두가 바쁜 날들, 저녁밥은 엄마가 해주어도 불씨가 전해주는 따스함이 남아 있을 때 까지, 굴뚝 옆에 쪼그리고 앉아있던 소년을 사랑한 것은 바다였습니다.
>
> –「바다의 푸른 눈동자」 부분

시인의 마음에 깃들어 있는 고향 추자도의 어제와 오늘을 소재로 한 시편이다. 앞의 시에서는 직접적인 언술은 없지만 고향 바다가 소년에게 안겨준 순수와 검푸른 꿈의 빛깔이 절절하게 다가온다. 화자는 '참숯과 석쇠, 그리고 갈치 위에 뿌린 굵은 소금' 등 어부들의 삶이 각인된 사물들을 제시하고 있다. 그것들은 도회지 사람들이 보기에는 지극히 보잘것없는 것들이지만, 바닷사람들이 구릿빛 어깨로 끌어올리는 그물로 일구는 그 같은 삶의 편린들은 소모적인 것이 아닌 '은하수'로 결구한다는 사유를 펼쳐 보이고 있다. 여기서 은하수는 단순히 하늘에 뜬 성좌만이 아닌 어부가 고달픈 삶을 견인하여 희망을 일궈가는 인도자라는 상징적 의미를 띤다. 화자는 결구에서 '바다는 은하수를 바라보고, 늙은 어부는 은갈치가 되었다'라고 언술함으로써, 은갈치와 은하수를 은유의 끈으로 따스하게 맺어놓고 있다. 이는 곧 바다를 터전으로 살아가는 어부들의 삶이 소모를 넘어 밝은 내일로 연결되었으면 하는 바람을 담고 있다.

다음에 든 시에서는 그 같은 어부 아버지가 일궈준 희망의 불씨를 안고 살아온 화자의 삶이 드라마틱하게 펼쳐진다. 어부 아버지의 뒤를 이어 다시 어부가 된 아이들의 삶을 화자는 '횡간도 분교 좁은 마당을 벗어난 어릴적 친구들, 뭍을 밟을 수 없어, 배에서 밥을 하는 화장부터 시작하는 어부가 되어, 바다의 가슴에 뛰어들었습니다' 라고 언술함으로써, 되풀이를 넘어 희망의 불씨를 크게 옮겨가는 모습을 그리고 있다. 그것이 어부로서의 삶에 활기와 전망을 선물한다는 사유를 담지하고 있다. 또한 그같이 불 같은 희망은 섬을 떠난 대처에서도 작은 일에 좌절하지 않고 앞으로 나아간다. 화자는 결구에서 '파도소리 들리던 밤, 천리 밖 타향에서 기곗밥을 먹으며 돌아온 밤, 톱니가 맞물리듯 돌아가지 못하고 깨어 있습니다. 밥 한 그릇 나누어 먹는 차가운 도시의 밤을 견딜 수 있는 것은, 등을 어루만져 주던 바다의 푸른 눈동자 덕분입니다' 라고 언술함으로써 고향 바다가 지치지 않고 바른 삶을 꾸려가도록 격려를 아끼지 않고 있음을 투시하고 있다.

이 같은 사유의 축을 함께 이루고 있는 시편들은 이번 시집에서 「추자도 조기 파시」, 「복어」, 「상추자 백구호」 등 다수의 수작을 찾아볼 수 있다.

낮은 데 함께 하는 하느님

이번 시집에서 김대술이 진지하게 추구하고 있는 주제는 참다운 하느님상이다. 성공회 사제인 그로서는 기독 신앙을 소재로 삼는 것은 어쩌면 당연한 일인지도 모른다. 하지만 그의 시에 특색인 것은 당위로서의 신앙시나 목자로서 하느님께 바치는 절대적 복종의 세계가 아니라 참다운 하느님의 모습에 대한 탐구이다.

새벽을 깨워
미사를 마친 텅 빈 마당

마른 가지 끝에
하루치 양식 구하는
일용직 일꾼처럼
새벽달이 길 위를 걷는다

매일 미사를 드려도
일감을 찾지 못한 마음

고개 떨군 작업복 위에
숙명의 사제복을 입고
흐르는 깊은 강을 바라본다

–「새벽 미사」 전문

위의 시는 기독교인이라면 누구나 봉행하기 마련인 '미사'를 소재로 한 작품이지만, 하느님을 향한 기복적인 기도의 모습은 보이지 않는다. 화자는 새벽 미사를 가리켜 '마른 가지 끝에/ 하루치 양식 구하는/ 일용직 일꾼처럼/ 새벽달이 길 위를 걷는다'라고 알레고리하고 있는데, '일용직 일꾼'이라는 언술에서 보이듯 그날그날을 남에게 기대지 않고 열심히 살아가고, 그에 걸맞는 양식을 구하는 것이 신앙의 본질이라는 사유가 깃들어 있다. 나아가 '매일 미사를 드려도/ 일감을 찾지 못한 마음// 고개 떨군 작업복 위에/ 숙명의 사제복을 입고/ 흐르는 깊은 강을 바라본다' 고 언술함으로써 일감을 갖지 못한 이들이 제자리를 찾아갈 수 있도록 돕고 간구하는 것이 사제의 본분임을 힘주어 말하고 있다. 이는 '기독교적인 것을 채용한 것이 곧 기독교 문학이 될 수 없으며, 기법과 내용의 구체화를 통한 육화를 거쳐서만이 비로소 기독교 문학이 될 수 있다고 주장' 하였던 김현승의 시관과도 뿌리를 같이하는 것이다. 이는 도그마적인 신앙에서 벗어나, 함께 살아가는 사람들의 삶을 곧게 펴주는 곧 하느님의 뜻이라는 성찰과 맞닿아 있다고 하겠다.

떨리는 것은
당신 때문이 아니라
당신이신 사람 때문입니다

가슴이 아린 것은
홀로였던 당신 때문이 아니라
외로움을 잃어버린 사람 때문입니다

–「미사를 마치고」 부분

하얀 제대 보 위로
붉은 포도주
한 방울 떨어질 때
수 억 만의 세포 일어난다

촛불 속에 아른거려

피 흘려 사랑했던 얼굴들

새벽은 슬퍼 향기롭다

—「제대 앞에서」 부분

시인의 기독관을 살펴볼 수 있는 시 두 편을 골라보았다. 앞의 시에서 보듯, 시인은 '떨리는 것은/ 당신 때문이 아니라/ 당신이신 사람 때문입니다' 라고 노래함으로써 하느님은 초월적이고 불가시적인 존재가 아니라 이 땅에 사람의 모습으로 온 분이며, 따라서 무엇보다 사람이 살기 좋은 세상을 만드는 것이 하느님 세상을 실현하는 길이라고 힘주어 말하고 있는 셈이다.

뒤의 시를 통해 시인은 '하얀 제대 보 위로/ 붉은 포도주/ 한 방울 떨어질 때/ 수 억 만의 세포 일어난다' 고 노래함으로써 '붉은 포도주' 로 상징되는 희생의 의미는 예수의 그것에 그치지 않고 이 시대 수많은 민초들이 직면한 죽음 같은 현실과 긴밀하게 접목되어 있다는 사유를 펼치고 있다. 그런 점에서 '피 흘려 사랑했던 얼굴들' 이라는 대목은 희생을 마다않고 묵묵히 바른 삶을 궁행하는 사람들만이 진리가 구현되는 삶을 열어갈 수 있다는 말에 다름 아니다. 화자는 결구에서 '새벽은 슬퍼 향기롭다' 고 말함으로써 그 같은 희생이 고통이 아닌, 기쁨이라는 아이러니를 제시하고 있다.

우리 시대의 상처, 그 치유의 길을 담다

김대술은 성공회 사제로서 자신의 삶을 하느님의 섭리에 맡긴 사람이다. 한편으로 하느님을 향한 무조건적인 복종과 그를 통한 기복을 궁행하기보다, 어렵고 힘들게 동시대를 살아가는 사람들에게 밝은 전망을 열어줌으로써 목자의 직분을 다하고자 하는 사람이다. 그의 시들은 우리 시대의 오염된 자본주의가 불러온 비인간화의 모습을 고발하는 한편, 이 시대의 가장 바닥에 놓여 있는 노숙인들의 일그러진 삶을 바로잡음으로써 하느님 세상이 실현되어 간다는 사유를 담고 있다.

하지만 그는 이 시대 민초들이 처한 어려운 현실을 고발하거나 그렇게 만든 사회를 탓하거나 그에 편승한 사람들을 질책하는 데만 시종하지 않는다. 그보다는 노숙인들을 중심으로 한 어려움에 처한 사람들이 어려움을 딛고 일어서는 길, 위축되고 상처 입은 마음을 치유하는 길을 모색하는 데 더욱 힘을 쏟고 있는 점이 돋보인다.

낮고 가난한 창 일수록
넉넉하게 비추는 보름 달
새벽녘 지붕에 외등으로 걸려
빗장 건 마을 환히 들여다본다

허물어진 산동네 모퉁이

성애 꽃 벙그는 소리에 놀랐는지
집 버리고 떠났어도
지상에 방 한 칸 갖지 못한 노숙인 김씨
깊은 상처 맡기기에는 넉넉하다

등 기댈 벽 부서진 가구
손때 지워지면
사는 것도 멀어지는 법
해바라기 장독대가 그립다

따스한 밥이 싫어
도둑고양이가 되었는지
힐끗 먹잇감을 물고 들어온
달빛 이불속은
모닥불 지핀 듯 깊어만 간다

눈먼 돈 걸린
재개발지구 버려진 빈 집들
김씨 겨울 나고도 남는다

–「고등동 재개발 빈 집」 부분

그는 지상의 방 한 칸을 찾아 옮겨 다니는 이들의 삶을 '낮고 가난한 창일수록/ 넉넉하게 비추는 보름달/ 새벽녘 지붕에 외등으로 걸려/ 빗장 건 마을 훤히 들여다본다// 허물어진 산동네 모퉁이/ 성애꽃 벙그는 소리에 놀랐는지/ 집 버리고 떠났어도/ 지상에 방 한칸 갖지 못한 노숙인 김씨/ 부서진 상처를 맡기기에는 넉넉하다'고 노래한다. 부족한 것을 넉넉하게 나누고, 남이 버린 자리에서 보석을 찾는 그의 삶이 시적인 안목과 결합된 가구이다. 나아가 시인은 '눈먼 돈 걸린/ 재개발지구 버려진 빈 집들/ 김씨 겨울 나고도 남는다'라고 언술함으로써, 우리 시대의 가난과 소외는 돈으로만 해결될 것이 아니라, 우리들 모두 자신이 가진 것을 조금씩 덜어냄으로써 치유의 공간이 열린다고 힘주어 말한다.

외딴섬 소금공장 모두들 힘들어해도
"허허 그래도 일감이 있어 좋았어"

등짐, 노끈으로 묶은 이력서 가방
부르튼 양손으로 쥐고
하루치 삶이 덤으로 주어진 것이 고마운지
꽃샘추위도 붙들 틈 없이 일어선다

역전 시장 노점상 푼돈을 삼키고
배불뚝이가 된 저축은행 대주주
주머니만 채워도 시샘하지 않고
떡잎 나누어 피는 파릇한 봄동 들

수원역 광장 가득
봄볕을 흩뿌린다

–「무료 급식소의 봄동」 부분

수원역 광장 무료 급식소 앞에 모여든 노숙인들의 풍경을 묘사한 작품이다. 그런데 그것을 춥거나 쓸쓸하게 그리지 않고 따스한 봄의 신호로 인식하는 부분이 이채롭다. 무료 급식소에 모여드는 사람들은 단지 가난해서가 아니라 서로 의지하고 함께 일으켜주기 위해서 모여드는 삶의 동지들이다. 한끼 따스한 밥을 찾아 모여드는 사람들의 면면을 '등짐, 노끈으로 묶은 이력서 가방/ 부르튼 양손으로 쥐고/ 하루치 삶이 덤으로 주어진 것이 고마운지/ 꽃샘추위도 붙들 틈 없이 일어선다' 라고 묘사해 놓은 대목은 노숙인들이 단순히 허기를 면해서 몰려다니는 게 아니라 새로운 삶의 터전을 마련하기 위해 꾸준히 모색해 가는 사람들이라는 인식을 갖게 한다.

시인은 나아가 '역전 시장 노점상 푼돈을 삼키고/ 배불뚝이가 된 저축은행 대주주/ 주머니만 채워도 시샘하지 않고/ 떡잎 나누어 피는 파릇한 봄동 들' 이라고 언술함으로써, 노숙인들이 직면한 가난과 소외는 그들이 자초한 것이라기보다, 제 주머니만 채울 줄밖에 모르는 부도덕한 자본가들이 떠안긴 상처라는 인식을 드러내고 있다. 하지만 김대술은 소외당한 노숙인들이 좌절의 늪으로 빠져드는 대신 새롭게 재기를 향해 힘차게 달려가는 모습을 차가운 수원역 광장을 따스하게 채워가는 '봄별' 으로 상징하고 있다.

이번 시집에서 김대술은 이처럼 이 시대의 어두운

그늘에 버려진 사람들을 향한 응원가를 오롯이 담아내고 있다. 그는 몰염치하고 제 앞에 놓을 줄밖에 모르는 사람들의 등 뒤에서 상처를 매만지는 사람들의 모습을 때로는 명징한 이미지로, 때로는 따스한 애정과 동참의 시선으로 그려내고 있다. 또한 잔잔한 서정의 강구를 통해 시를 읽는 독자들의 누선을 저절로 넘치게 만든다. 그런 점에서 이 시대의 소외되고 일그러진 삶에 대한 내면적 고발과 함께, 공동선의 궁행을 통해 함께 일어서는 방법을 제시하고 있다는 점에서 분명한 자리매김을 요구하고 있다. 이처럼 시와 삶을 한자리에 놓는 그의 정신이 우리 시의 넉넉한 자산이 될 것을 믿는다. 그가 지치지 않고 더욱 새로운 세상을 일궈가는 희망의 불씨를 지속적으로 시의 그릇에 넉넉하게 담아가기를 기원하며 조촐한 논의를 마친다.

바다의 푸른 눈동자

찍은날 2013년 11월 5일
펴낸날 2013년 11월 15일
지은이 김대술
펴낸이 박몽구
펴낸곳 도서출판 시와문화
주 소 (431-821) 경기 안양시 동안구 비산동 572
꿈에그린아파트 103동 204호
전 화 (031) 452-4992
E-mail poetpak@yahoo.co.kr
등록번호 제2007-000005호 (2007년 2월 13일)

ISBN 978-89-94833-07-1(03810)

정 가 10,000원

*이 시집의 판매 수익금 전액은 노숙인들의 귀농, 귀어촌을 위해 사용됩니다.